RELAX MAMA!

VOORWOORD

Dat je leven verandert als je moeder wordt, dat weet iedereen wel. Genoeg mensen in je omgeving die je daarvoor waarschuwen. De 'geniet-er-nog-maar-van-nu-het-nog-kan-uitspraken' vlogen ook mij tijdens m'n zwangerschap om de oren. Ik liet iedereen maar kletsen, want wist ik veel.

En toen, bám, was ik opeens moeder. Onderdeel van een heel nieuwe club. Gaandeweg veranderde ik in een lopend cliché. Ging ik rare liedjes zingen in het zwembad (als de baby bij me was dan hè), sloeg aan het breien, liet iedereen foto's van mijn baby zien, droeg kleren met spuugvlekken en... liep mezelf voorbij. Alle leuke, mooie, lieve, zware, frustrerende, grappige en moeilijke facetten van het moederschap kwam ik tegen. Ha, dat zijn er nogal wat.

Om het moederschap te overleven , moet je er soms even los van komen. Alleen al om te ervaren dat je meer bent dan alleen een moeder. Maar na weken zonder slaap kan dat moeilijk zijn. Wat relativering komt dan goed van pas.

Daarom maakte ik dit boekje. Om andere moeders te steunen in hun innerlijke strijd tussen dat vrolijke meisje en die bezorgde moeder. Een strijd die voor ons allemaal een beetje anders is, maar voor het grootste deel ook dezelfde. En daarom richtte ik, toen dit boekje eenmaal af was, online de Club van Relaxte Moeders op. De club die doorgaat waar dit boek ophoudt.

Dit boek en mijn club gaan niet over goed of over slecht. Niet over hoe je het best voor je baby kunt zorgen en wat een baby moet eten. Dit boek gaat over jou en mij, over de emoties die horen bij het moederschap en die soms moeilijk uit te leggen zijn, moeilijk te dragen soms, maar die alle moeders begrijpen. Je hoeft dus niets hoog te houden. Relax mama!

Elsbeth Teeling

WAARSCHUWING:
VERBODEN TE LEZEN ALS JE NOG GEEN MOEDER BENT!

Voor een goede start

ONZE EXCUSES, DE ROZE WOLK IS TIJDELIJK BUITEN GEBRUIK

HET KAN EVEN DUREN,
MAAR HET KOMT WEER GOED

Al is de ellende
nog zo groot,
je borsten zijn
dat lekker ook

VERGEET NIET DE MEEST SMERIGE EN PIJNLIJKE DETAILS VAN JE BEVALLING TE VERTELLEN

Ga er altijd vanuit dat iedereen alles wil horen

PLEASE WAIT...
BREASTS ARE LOADING

DEZE TIJD NOEMEN ZE DUS NIET VOOR NIETS DE TROPENJAREN

Ze noemen het de tropenjaren omdat Europeanen die naar de tropen trokken om de landen uit te buiten, daar heel moe van werden. Misschien wel net zo moe als jij je nu voelt

JE PUSH-UP BEHA IS VANAF NU JE BESTE VRIEND

HUILEN MAG, NET ZO ONGEGENEERD ALS JE EIGEN KIND*

Je lijf werkt hard om terug te keren naar een staat van niet-zwanger zijn. Er gebeurt vanalles met je hormonen: oestrogeen neemt af, prolactine stijgt, het enzym monoamine oxidase A schiet omhoog en drukt de hoeveelheid serotonine omlaag. Daar word je labiel van, daardoor vind je jezelf na een dag of drie een moeder van niets en kan iedere opmerking je aan het huilen maken.

* Deze hele bladzijde mag kleddernat worden

WORKSHOP

WALLEN WEGWERKEN

In aardappels zit het enzym 'catecholase'. Dit zit ook in dure crèmes die claimen je huid lichter te maken. Let op: laat het sap van de aardappel niet in contact komen met je ogen.

Rasp een aardappel.

Verzamel de aardappelrasp.

Leg de rasp 15-20 minuten op je wallen.

Was je gezicht en je straalt weer helemaal!

**AL IS HET LEVEN NOG ZO FIJN,
JE TEPELS DOEN EEN BEETJE PIJN**

JE MOET NIKS WILLEN

Met een baby in huis kom je vaak tot niets.
Maak geen plannen. Dan valt alles mee

VERMIST:
GOED STEL HERSENS

Ik ben ze kwijt sinds de geboorte van mijn baby.
Heb je info over waar ze zijn? Neem dan aub contact op

0-HELPMIJNHERSENS | 0900-HELPMIJNHERSENS | 0900-HELPMIJNHERSE *woordenboek*

DON'T WALK THE WALK, IF YOU CAN'T TALK THE TALK

TOESCHIETREFLEX

VENKELTHEE

DARMKRAMPJES

MECONIUM

HYDROFIELLUIER

STUWING

ZOOGCOMPRES

TUMMY TUB

BUIKLIGGING

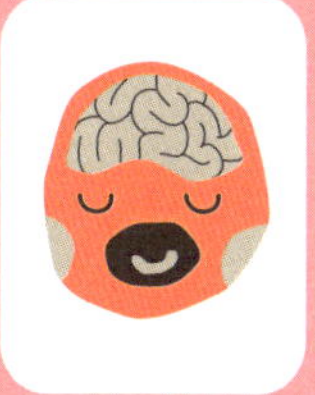
SPRONGETJE

TEPELKLOOF

ZWANGERSCHAPS-DEMENTIE

WAAROM MOEILIJK DOEN ALS HET MAKKELIJK KAN?

547 DAGEN

= 18 MAANDEN = 1,5 JAAR

duurt het gemiddeld voordat vrouwen zich weer op en top vrouw voelen na hun bevalling. Negen maanden op, negen maanden af is dus een fabel

PLAN RUIM

TAS INPAKKEN

BABY POEPT
ROMPER ONDER

BABY ONTROOSTBAAR

SPEEN ZOEK

SPEEN UIT TAS VISSEN

TAS OPNIEUW
INPAKKEN

SCHOONMOEDER BELT

BABY SPUUGT SCHONE
ROMPER ONDER

BORSTEN ONTPLOFFEN:
VOEDEN

BABY TOCH NOG
ONTROOSTBAAR

BABY IN MAXICOSI
PROPPEN

AUTOSLEUTELS ZOEK

IS HET

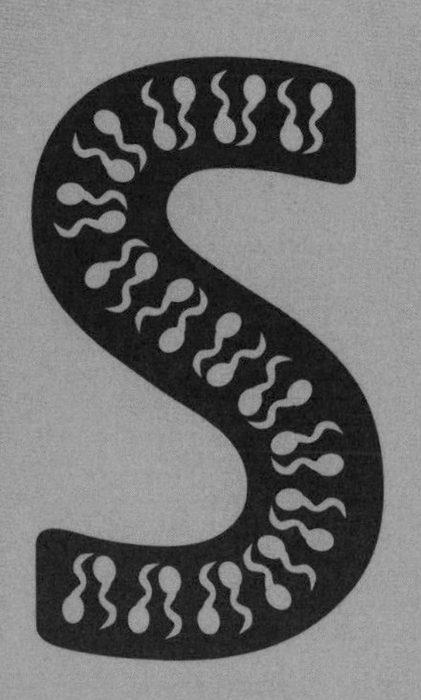

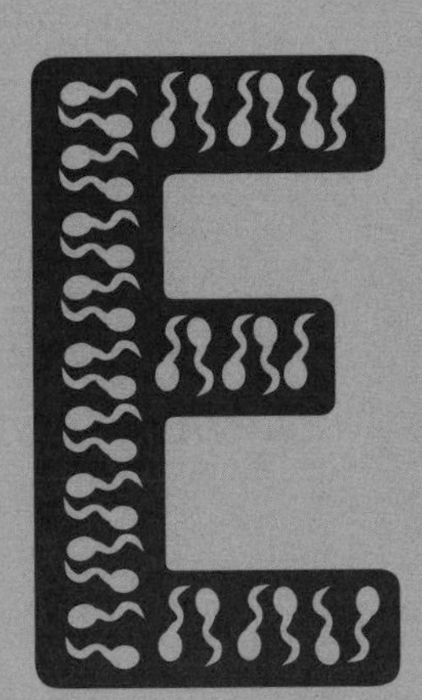

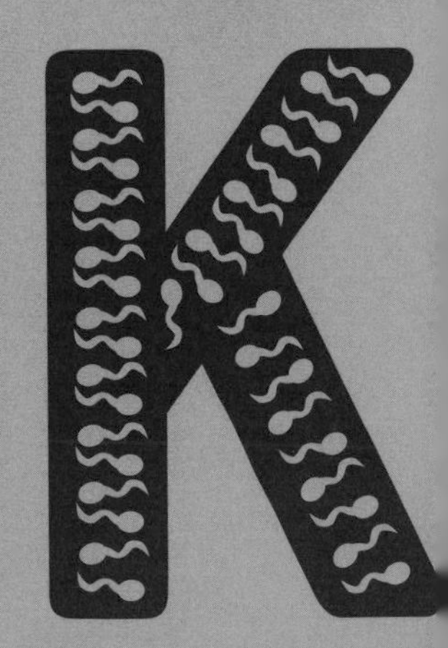

NIEUWE

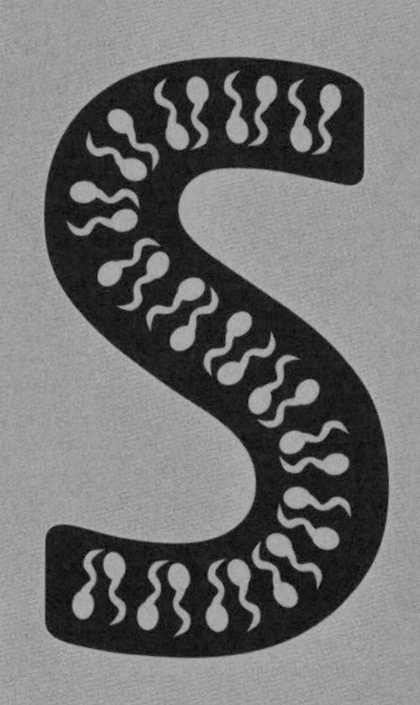

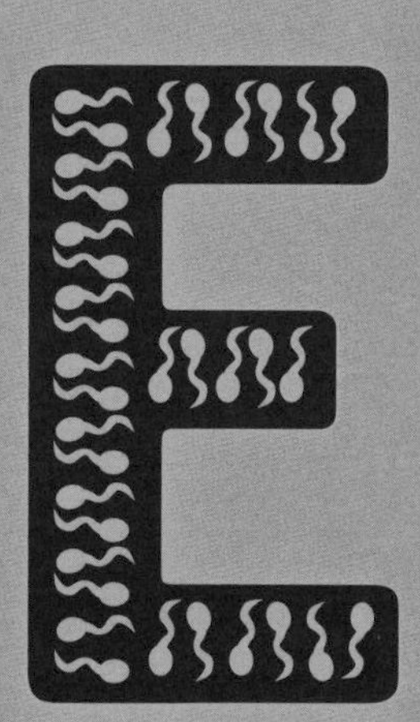

GEEF JE OVER

Laat alles maar even lekker drijven

JE NIEUWE BAAS IS MEEDOGENLOOS

Om je gerust te stellen

DINGEN WAAR JE JE ALLEMAAL SCHULDIG OVER KUNT VOELEN

Dat je je kind voor tv zet als je wat voor jezelf wilt doen, dat je te weinig tijd voor je man neemt, dat je je kind kant-en-klaar baby-voeding geeft in plaats van verse groente, dat je geen oppas kon vinden toen je vriendin een feest gaf, dat je je kind naar de crèche brengt, dat je te weinig tijd voor hem/haar hebt, dat je geen zin in seks hebt, dat je te weinig tijd voor je vriendinnen maakt, dat je je kind soms even in een kast wil stoppen, dat je geen uitwasbare luiers gebruikt, dat jullie alweer patat eten, dat je de hele tijd met je smart-phone speelt in plaats van met je kind, dat het nog steeds een troep in huis is ook al ben je de hele dag thuis, dat je liever thuis bent dan in het café met een vriendin, dat je aan het werk bent op je vrije dag, dat je minder bent gaan verdienen, dat je je ouders al te lang niet hebt gebeld, dat je je kind te veel verwend, dat je niet gereageerd hebt om een mail van een oude vriend, dat je soms heimwee hebt naar het pre-baby-tijdperk, dat je niet van knutselen houdt, dat het je niet lukt om het eten om zes uur op tafel te hebben, dat je schreeuwde tegen je kind, dat je niet consequent genoeg bent, dat je te laat bij de kinderopvang was, dat je het tien-minutengesprekje was vergeten, dat je altijd later op je werk komt en eerder van je werk weg gaat, dat je je kind als heel vroeg iPhone-verslaafd hebt gemaakt, dat je kind te luidruchtig is, dat je een hele zak drop hebt leeggegeten, dat je blij bent dat je kind slaapt, dat je hebt geroddeld over andere moeders, dat je niet bent gaan sporten, dat je kind in kleren met vlekken aan heeft, dat je te veel over jezelf of je kind hebt gepraat, dat je vergeten bent je zus een kaartje te sturen,dat je de vuilniszakken niet hebt buiten gezet, dat je je de hele tijd schuldig

VAN FOUTEN KUN JE LEREN

DENK AAN DE 4 R-EN

Wees Relaxed over Rust, Reinheid en Regelmaat

JE BENT AL EEN SUPERMOEDER

De natuur zorgt ervoor dat in je hersens de juiste processen worden geactiveerd, zodra je moeder wordt. Je bent assertiever door de prolactine, verzorgender door de oxytocine, en je kunt beter multitasken door de oestrogeen

HYPERMAMA

TURBOMAMA

ULTRAMAMA

TOPMAMA

WERELDMAMA

MAMA

SPUIT 11 IS OOK EEN MOEDER

SOMS MAG JE IEMAND OMKOPEN

- je zit met een gillende peuter in de trein
- je bent moe en niets anders helpt meer
- je wilt op je gemak een vriendin bellen
- je kind ligt krijsend op de vloer van de supermarkt

DIE ANDERE MOEDERS DOEN OOK MAAR WAT

OP EEN DAG BESEF JE: 'IK BEN NET MIJN MOEDER!'

VUL IN:

URGENT	NIET URGENT
BENEN ONTHAREN...................	NIEUWE BANK..........................
NAGELS LAKKEN.......................	AFWASSEN..............................
ANTIRIMPELCRÈME....................	SCHAAMLIPCORRECTIE............
LUXE CHOCOLADE...................	KLYSMABEHANDELING............
....	....
....	....
....	....
....	....
....	....
....	....
....	....
....	....
....	....
....	....
....	....
....	....
....	....
....	....
....	....
....	....

TO DO OR NOT TO DO

JE BENT ECHT NIET DE ENIGE MOEDER DIE...

regelmatig schreeuwt: 'niet schreeuwen'

haar kind heeft laten huilen omdat de babyfoon 't niet deed

haar kind naar de opvang brengt terwijl hij ziek is

dronken is thuisgekomen bij de nieuwe oppas

haar kind weleens heeft laten vallen

zorgrimpels heeft

TIJD KUN JE NIET SPAREN

KRUIS AAN WAT VOOR JOU GELDT. JIJ:

Test!

- zegt af en toe: 'Wat gaat de tijd snel'
- ruikt in het openbaar aan billen
- zegt 'centjes' in plaats van 'euro'
- bent in een permanente staat van vermoeidheid (maar negeert het)
- praat regelmatig over poep en plas
- zegt 'chips' in plaats van 'shit'
- deelt zoveel mogelijk foto's van je kind op Facebook
- zegt niet: 'Ik ga je luier verschonen', maar: 'Mama gaat nu even....'
- pulkt aan snotjes
- hebt de naam van je man vervangen door 'papa'
- maakt gevallen spenen schoon door ze even in je mond te stoppen
- draagt toevallig regelmatig dezelfde kleren als je dochter/zoon
- bent ervan overtuigd dat iedereen jouw kind schattig vindt
- gebruikt nogal veel verkleinwoordjes

BEN JE EERLIJK GEWEEST? CHECK HOEVEEL VAN DEZE ZINNEN JE HEBT AANGEKRUIST EN TREK VERVOLGENS JE EIGEN CONCLUSIE

JE KENT JE KIND ZELF HET BEST

ZORGEN MAKEN HOORT ERBIJ

Zoals de baby thuis huilt, huilt hij nergens

(behalve op de camping)

Je kind zal zich niet herinneren dat je
de vloer zo goed hebt gedweild

ALS DE VRAAG BRUIN IS EN IN EEN LUIER ZIT, DAN IS HET ANTWOORD BILLENDOEKJES

MOEDERS DIE THUIS BLIJVEN HEBBEN GELIJK

MOEDERS DIE GAAN WERKEN HEBBEN GELIJK

HEB VERTROUWEN

Je kind groeit toch wel op, dankzij jou en af en toe ondanks jou

WEN RUSTIG AAN JE NIEUWE ROL ALS MOEDER

LA:At

De sterren aan de hemel zijn geen sterren, maar allemaal afzonderlijke sterrenstelsels van ieder weer miljoenen sterren, dus relax maar even

Om te overleven

NEGEER GOEDBEDOELDE ADVIEZEN

...of geef ze door aan iemand anders

ONDERTEKEN DE VOLGENDE BELOFTE

Contract

Ik beloof plechtig nooit (maar dan ook nooit) ongevraagd alle voor- of nadelen van borst-voeding, thuisbevallen, biologisch voedsel of doorslaapmethodes te verkondigen aan moeders die niet om mijn mening hebben gevraagd.

IT'S NONE OF MY BUSINESS

Plaats: .... Datum: ....

Naam: ....

Officieel

Handtekening:

Een kind krijgen is een wonder, een kind hebben is gedonder

PAK EEN BIERTJE EN GA DIE DANSVLOER OP!

You've got more booty to shake!

ZIE KRITIEK ALS COMPLIMENT

KRITIEK OP JE KIND MAG JE NATUURLIJK ALLEEN ZELF HEBBEN. ALS ANDEREN ZICH TOCH KRITISCH UITLATEN OVER JOUW SPRUIT, VAT HET DAN POSITIEF OP:

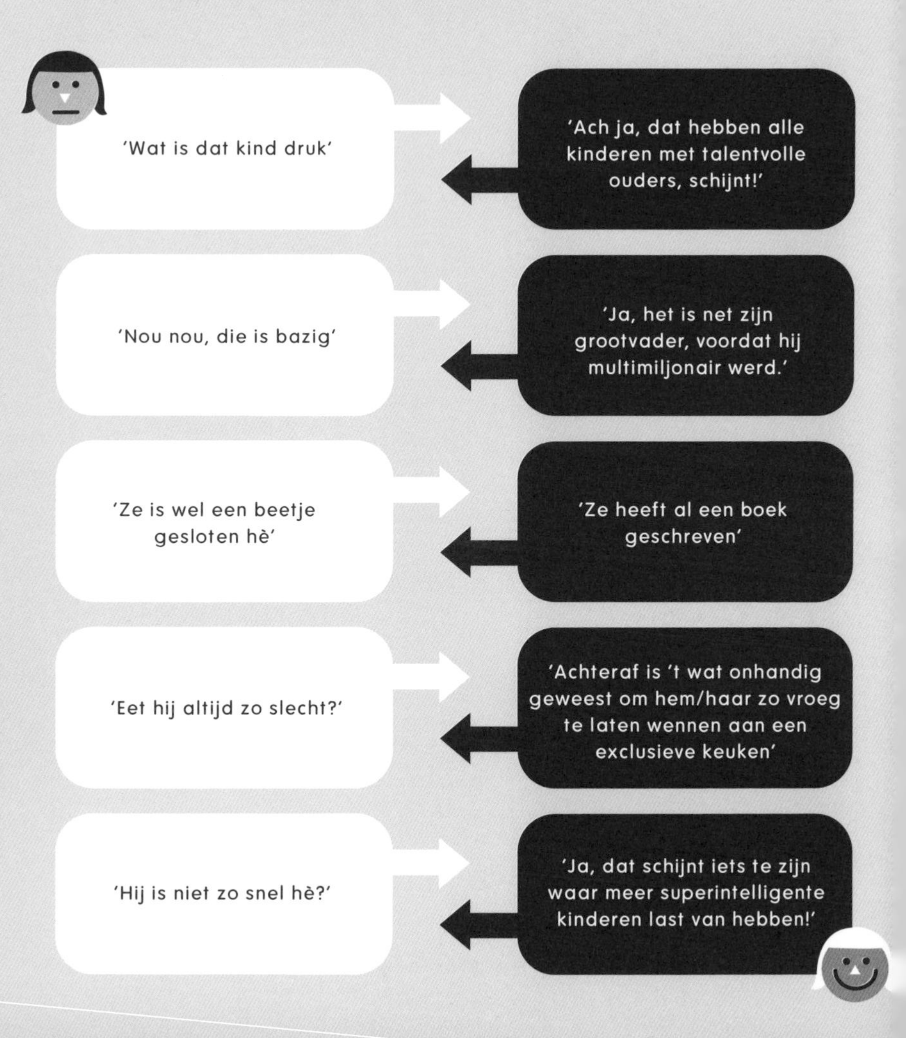

ZET ELKE DAG JE GLIMLACH OP

Door te glimlachen ontspannen er honderden spieren in je gezicht en je lichaam. Je stemming gaat erop vooruit en je kunt meer hebben. Glimlach bij een spuitluier, glimlach tijdens het ophangen van de was, en als je bijna te laat op de crèche bent

GESTRESST?
IK? NOOIT.

JE BENT VOORLOPIG NOG NIET DE OUDE,
JE BENT VOORLOPIG NOG WEL EVEN DE NIEUWE

TO-DO-LIST:

1. Deze pagina uitscheuren en weggooien
2. Ga naar 1

NIET ONDERTUSSEN OOK IETS ANDERS DOEN,
GEWOON EVEN RUSTIG DIT BOEKJE LEZEN

AFRIKAANS GEZEGDE:
IT TAKES A VILLAGE TO RAISE A CHILD

DEZE PAGINA IS TER HERINNERING AAN ALLES WAT JE BENT VERGETEN

VERGEET ALLES WAT JE TE DENKT WETEN OVER GOEDE MOEDERS

ZO ZIE JE ER DUS UIT ALS STRENGE MOEDER

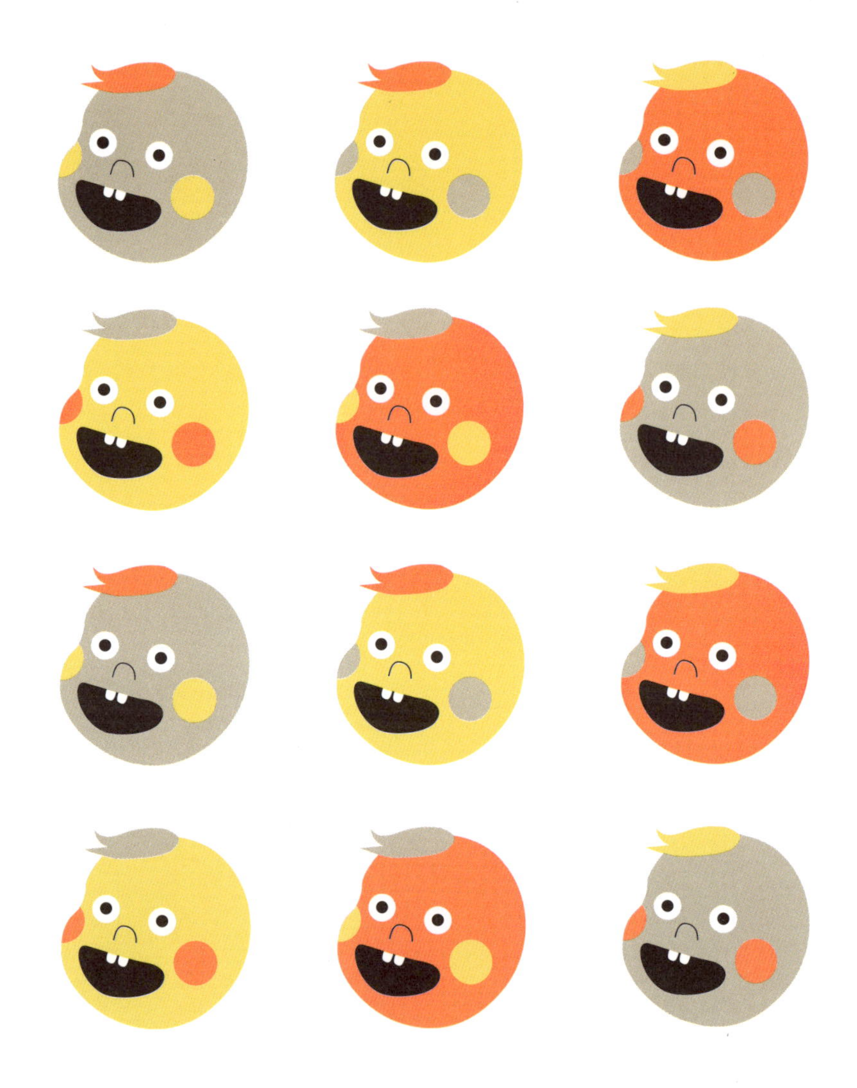

DOE NET ALSOF HET JE TWAALFDE KIND IS.
DAT IS EEN STUK RELAXTER

ZET EEN RAAM OPEN

Zuurstof doet wonderen

HOE JIJ JE DE AFGELOPEN MAANDEN VOELDE:

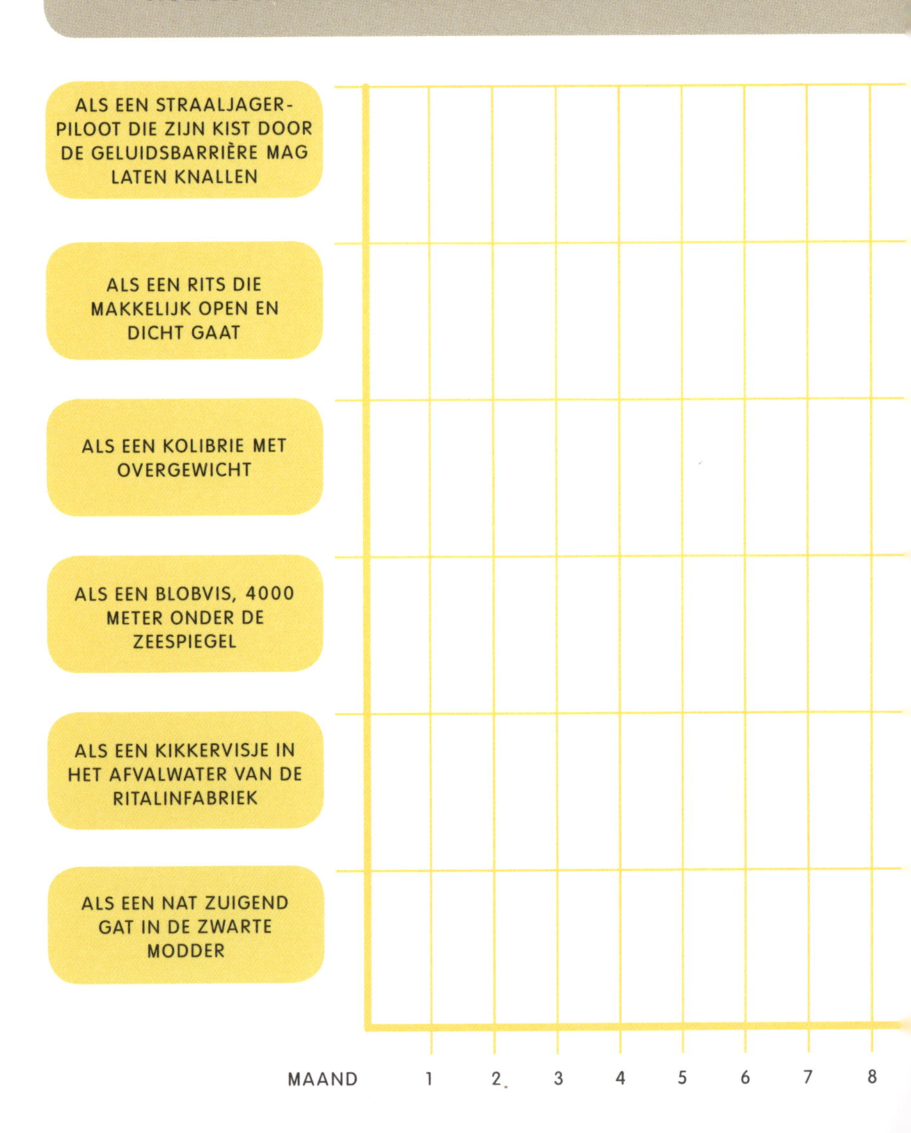

11
12
13
14
15
16
17
18
19
20
21
22
23
24

NEEM DE GEBROKEN NACHTEN SERIEUS. SLAAPGEBREK IS KILLING

Voel je je labiel? Vergeet je honderd dingen op een dag? Ga slapen. Powernaps heten niet voor niks zo, je hersens hebben echt slaap nodig om de boel weer scherp te krijgen

STOP HET GROTE VERGELIJKEN!

DINGEN DIE HET MOEDERSCHAP ER NIET LEUKER OP MAKEN:

- JEZELF VERGELIJKEN MET MOEDERS DIE ZELF TAARTEN BAKKEN, DE PERFECTE MAN HEBBEN EN EEN VET COOLE BAAN

- JEZELF WEGCIJFEREN VOOR MAN EN KIND

- JE LATEN FRUSTREREN DOOR ONBEREIKBARE DOELEN (ZOALS EEN SCHONE KEUKENVLOER)

- JE SCHULDIG VOELEN ALS JE JEZELF NIET WEGCIJFERT

OCOLADE

Om vrolijk van te worden

EVOLUTIE VAN DE MOEDER

I LIKE:

SAAIE FACEBOOKUPDATES VAN MENSEN DIE OOK NIKS MEEMAKEN

KOOP IETS LEUKS VOOR IEDEREEN DIE JOU DE LAATSTE MAANDEN WEL EENS HEEFT GEHOLPEN

Geen idee voor wie je iets zou moeten kopen?
Schakel wat vaker hulp in

OEFENING

OEFENING

NEEM TIEN BALLEN OF SINAASAPPELS.
PROBEER ZE ALLEMAAL IN DE LUCHT TE HOUDEN. MOEILIJK HÈ?

LAAT DE SPULLEN INPAKKEN DIE
JE VOOR JEZELF KOOPT

PAK EEN VEL PAPIER EN TEKEN HET HELEMAAL VOL MET BLOTE BORSTEN, GROTE BORSTEN EN NOG GROTERE BORSTEN

JE VERDIENT NIEUWE KLEREN

En draag ze alleen als je kind naar bed is

DRAAG EEN DAG LANG HEEL HOGE HAKKEN EN TREK DE SCHOENEN DAN UIT

SUPERMAMA IS HAAR CAPE KWIJT

LAAT DIE AFWAS STAAN, VERGEET DIE BOODSCHAPPEN EN KNUFFEL!

Knuffelen en oogcontact verhogen de hoeveelheid oxytocine in je hersenen. Oxytocine zorgt ervoor dat je je gelukkig voelt zodat je weer meer gaat knuffelen en een knuffelholic wordt

MAAK VAN JE VUILNISEMMER EEN DOELWIT

Het is fijn om te scoren, ook met luiers

ELIMINEER ALLE SCHERPE PUNTEN
UIT JE INTERIEUR

HAAL HET FEEST IN HUIS

Als jij niet naar het feest kunt gaan, zal het feest naar jou moeten komen. Nodig vrienden uit. Geef etentjes. En borrel lekker thuis

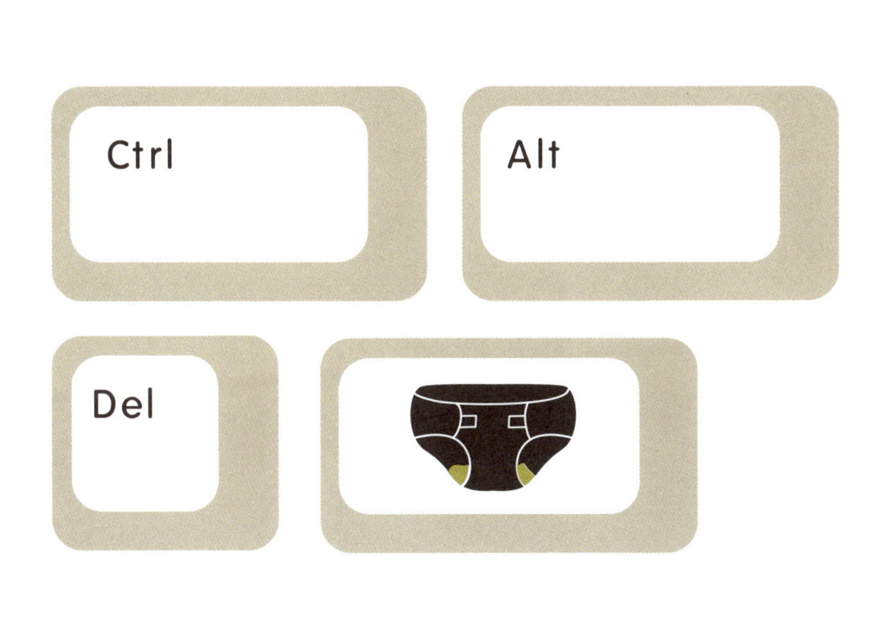
Ctrl
Alt
Del

De mens wikt, de baby hikt

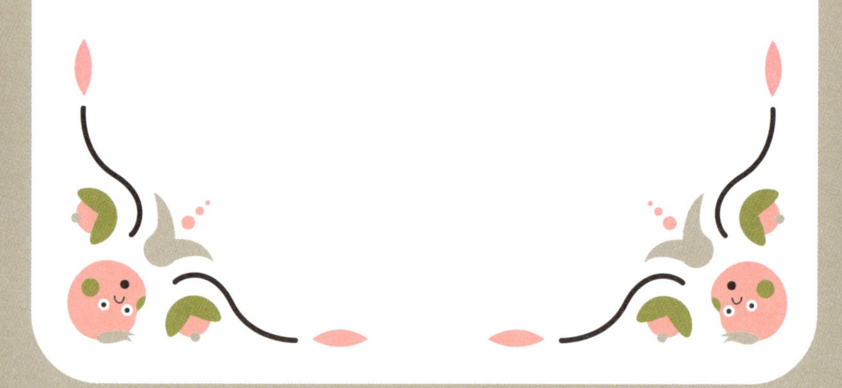

VERGEET JEZELF NIET

NOTEER HIER ZES DINGEN DIE JE DEZE WEEK
PUUR EN ALLEEN VOOR JEZELF DEED

ERVAAR HOE COOL HET IS OM TE KUNNEN ZEGGEN:

SCHRIJF HIER ALLES OP WAT JE JE WILT HERINNEREN

PSYCHO TEST #1

KRUIS AAN WAT VOOR JOU VAN TOEPASSING IS.

- JE KUNT NIET TEGEN ROTZOOI
- JE KUNT JE VEEL DINGEN NIET HERINNEREN
- JE LUISTERT NIET NAAR GESPREKKEN DIE NIET OVER KINDEREN GAAN
- JE HEBT ALTIJD EEN DOEKJE IN JE HAND
- JE VOELT MET JE VINGER HOE WARM MELK IS
- JE EET LIGA'S
- JE RUIKT NAAR BABYSHAMPOO
- JE KLAAGT OVER JE MAN
- JE RAAKT OVERSTUUR VAN 'T 8-UUR JOURNAAL

6 OF MEER VAN DE 9 SYMPTOMEN? DIAGNOSE:

ADMD: ATTENTION DEFICIT MAMA DISORDER

PSYCHO TEST #2

- JE ZEGT 'SSSSSSSSH' ALS JE EEN KAT ZIET
- JE GILT ALS EEN KIND VALT
- JE ROEPT DINGEN ALS:
  'EN NU IS HET AFGELOPEN!'
- JE HEBT EEN PRE-OCCUPATIE MET 'SLAPEN'.
- JE WAPPERT VAAK MET JE HANDEN
- JE LOOPT HEEL SNEL
- JE HEBT GEEN GEDULD BIJ KASSA'S
- JE SCHELDT OP MANNEN
- MAAKT ZIEKELIJK VEEL FOTO'S VAN JE KINDEREN

6 OF MEER VAN DEZE 9 SYMPTOMEN? DIAGNOSE:

MAMA DE LA TOURETTE

UITKOKEN OF UITGEKOOKT,
THAT'S THE QUESTION

DOWNLOAD DE MEEST CHEESY COVER VAN BOHEMIAN RHAPSODY

Zing keihard mee, vooral het 'Mama'-stuk

JA, ZE ZIJN PUUR NATUUR

ALTIJD INCONSEQUENT IS OOK CONSEQUENT

BLA!

Om samen te blijven

IK ZIT NAAR
ANIMAL PLANET TE
KIJKEN EN MOET DE
HELE TIJD AAN JE
DENKEN

GA SAMEN BUNGEE JUMPEN

Of iets anders afgezaagds. Meer tijd samen doorbrengen, zonder kind, is nog effectiever als je samen iets belachelijks doet

STROOMDIAGRAM VOOR HET VINDEN VAN DE JUISTE OPPAS

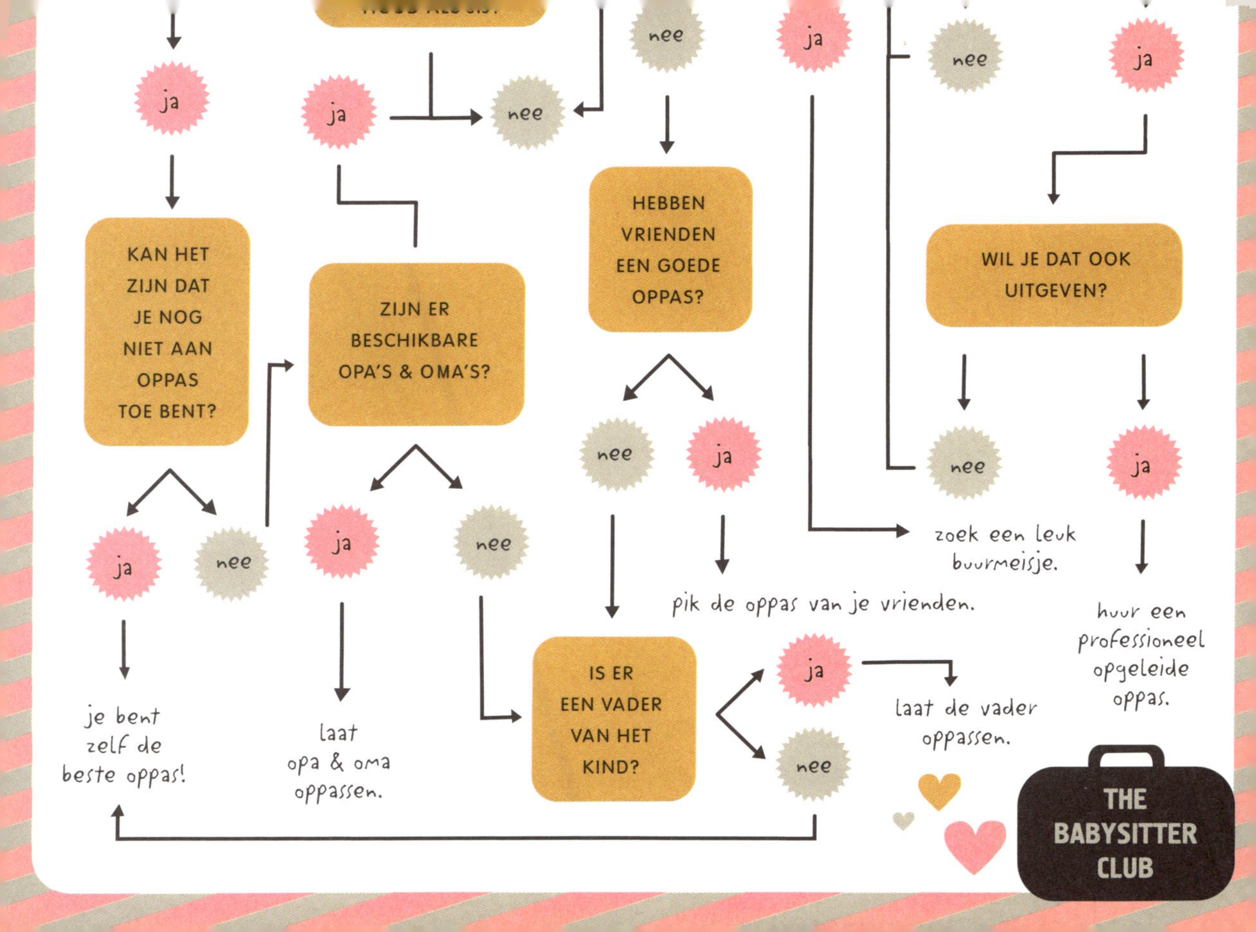

ja
ja
nee
nee
ja
nee
ja
KAN HET ZIJN DAT JE NOG NIET AAN OPPAS TOE BENT?
ZIJN ER BESCHIKBARE OPA'S & OMA'S?
HEBBEN VRIENDEN EEN GOEDE OPPAS?
WIL JE DAT OOK UITGEVEN?
ja
nee
ja
nee
nee
ja
nee
ja
zoek een leuk buurmeisje.
pik de oppas van je vrienden.
huur een professioneel opgeleide oppas.
IS ER EEN VADER VAN HET KIND?
ja
nee
je bent zelf de beste oppas!
laat opa & oma oppassen.
laat de vader oppassen.
THE BABYSITTER CLUB

ZEG IETS RAARS

Bij stress of ruzies met je partner heb je de neiging om altijd op dezelfde manier, in dezelfde patronen te reageren. Doe dat eens niet. Zeg iets onverwachts

ER ZIJN GENOEG ANDERE DINGEN DAN SEKS DIE JE IN BED, OP HET AANRECHT, OP EEN DRAAIENDE WASMACHINE KUNT DOEN

MAAK VOORZICHTIG DUIDELIJK DAT EEN BUIKJE NIET SEXY IS

Mannen komen gemiddeld ruim zes kilo aan tijdens de zwangerschap

BABY SLAAPPOSITIES

DE HUILENDE KRAANVOGEL

DE OCTOPUS

DE FOETUSHOUDING

HET WAKKERE SCHAAP

BANKHANGEN IS HET NIEUWE UITGAAN

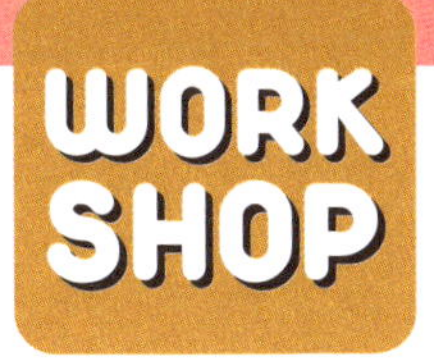

COMMUNICEREN MET JE MAN

MANNEN ZIJN IMMUUN VOOR SUBTIELE HINTS EN GEDIJEN HET BEST BIJ DIRECTE COMMUNICATIE. LEER HIER HOE JE HEM DUIDELIJK MAAKT WAT JE WILT

1. Stel een vraag
2. Begin de vraag met het werkwoord 'willen'
3. Geef indien mogelijk een tijdsaanduiding

JOUW WENS	BIJBEHORENDE VRAAG
Dat hij je aardig vindt	Wil je seks, nu meteen?
Dat hij het niet meer doet	Wil je dat nooit meer doen?
....	....
....	....
....	....
....	....

MORGEN IS ER WEER EEN DAG

KOESTER OPA'S, OMA'S, OOMS EN TANTES OF ADOPTEER ER EEN PAAR

MOEILIJK HE, NIET OVER JE KIND PRATEN

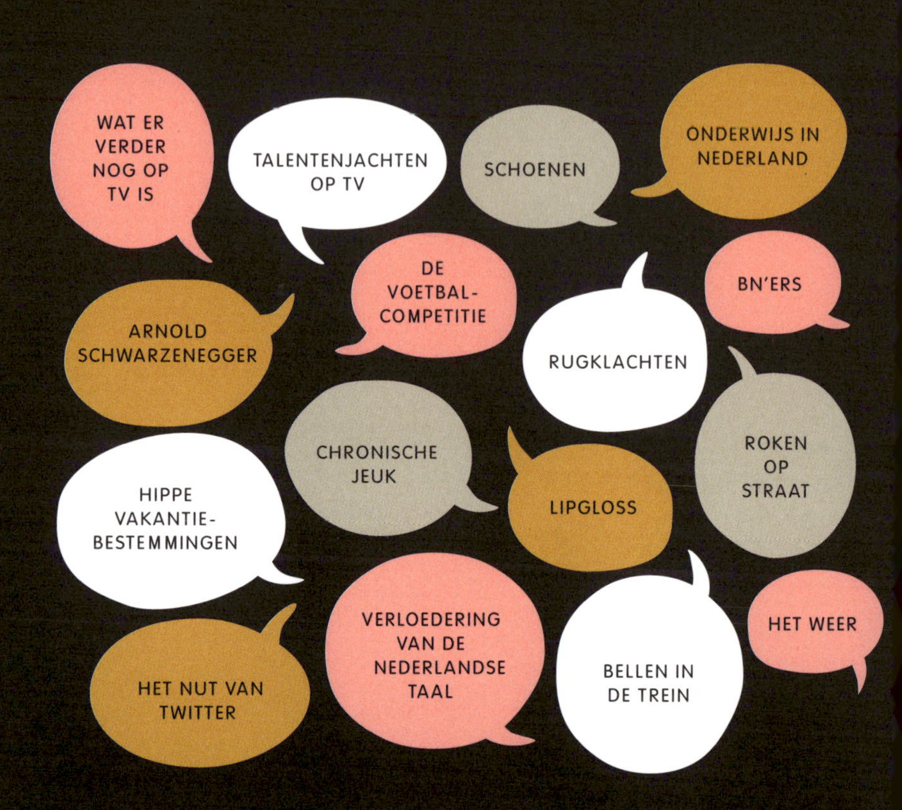

Houd bovenstaande mogelijke onderwerpen bij de hand als geheugensteun

TREK OM DE DRIE MAANDEN EEN FLES CHAMPAGNE OPEN (OF VAKER)

Gefeliciteerd!

Jullie hebben weer 100 dagen overleefd als vader en moeder

Onthaart het niet, dan baart het niet

DANKWOORD EN COLOFON

CONCEPT:	UITGEVERIJ SNOR
TEKST:	ELSBETH TEELING I.S.M. GERARD JANSSEN
VORMGEVING EN ILLUSTRATIES:	STUDIO POMP
DRUKWERKBEGELEIDING:	EN-PUBLIQUE.NL

WWW.FACEBOOK.COM/CLUBVANRELAXTEMOEDERS

ISBN: 978-90-79961-23-8

NUR: 850

Heb je 'Relax mama!' uit en ben je nog steeds niet relaxed? Kijk op www.uitgeverijsnor.nl of mail naar info@uitgeverijsnor.nl

We bedanken Mark Mieras voor het delen van zijn kennis over het moederbrein, Eva Bronsveld, Lisa Portengen voor de smart & sexy-tips, José van Santen, alle vriendinnen en andere moeders die hun ervaringen deelden tijdens kroeggesprekken of op Twitter en Facebook. Maar de meeste dank gaat uit naar Keet en Teun zonder wie dit boek er echt niet had kunnen zijn.

RELAXTE EXTRA'S

Op de volgende pagina's vind je drie ansichtkaarten om op te sturen naar vriendinnen die in hetzelfde schuitje zitten. Ben je in een creatieve bui?
Knip dan de kaarten los die aan de voor- en achterflap van dit boek zitten, schrijf je eigen wijsheid erop, en maak een vriendin blij.

JE BENT EEN SUPERMOEDER

Uit: **RELAX MAMA! HANDBOEK VOOR MOEDERS**
(tekst Elsbeth Teeling, illustraties: Studio Pomp)
ISBN: 978–90-79961-23-8

www.uitgeverijsnor.nl - Hooghiemstraplein 15, 3514 AX Utrecht

GEEF JE OVER

Laat alles maar even lekker drijven

www.uitgeverijsnor.nl - Hooghiemstraplein 15, 3514 AX Utrecht

Uit: **RELAX MAMA! HANDBOEK VOOR MOEDERS**
(tekst Elsbeth Teeling, illustraties: Studio Pomp)
ISBN: 978-90-79961-23-8

PAK EEN BIERTJE EN GA DIE DANSVLOER OP!

www.uitgeverijsnor.nl - Hooghiemstraplein 15, 3514 AX Utrecht

Uit: **RELAX MAMA! HANDBOEK VOOR MOEDERS**
(tekst Elsbeth Teeling, illustraties: Studio Pomp)
ISBN: 978-90-79961-23-8